em todo
FIM

há um
RECOMEÇO

Fernando Suhet

2ª edição.

Em todo fim há um recomeço
Copyright © Fernando Suhet, 2018

Edição: Haley Caldas, Lucas Maroca de Castro e Rodrigo Cordeiro
Projeto Gráfico: Maria Soledad Maroca de Castro
Capa: Maria Soledad Maroca de Castro
Fotografia da Capa: Magdal3na / AdobeStock
Revisão: Euza Noronha

Dados Internacionais da Publicação (CIP) de acordo com ISBD

S947e Suhet, Fernando

   Em todo fim há um recomeço / Fernando Suhet - Belo Horionzte: Crivo Editorial, 2018.
   96 p. ; il. ; 14 cm x 21 cm

   ISBN: 978-85-66019-80-3

   1. Literatura brasileira. 2. Motivacional. 3. Reflexões. I. Título

2018-1227

CDD: 869.89928
CDU: 821.134.3(81)-94

Elaborado por Vagner Rodolfo da Silva - CRB-8/9410

Índice para catálogo sistemático:
1. Literatura brasileira 869.8992
2. Literatura brasileira 821.134.3(81)

Revisado segundo o novo Acordo Ortográfico da Língua Portuguesa (Decreto Legislativo n°54, de 1995)

Crivo Editorial
Rua Fernandes Tourinho, 602, sala 502
30.112-000 - Funcionários - BH - MG
www.crivoeditorial.com.br
contato@crivoeditorial.com.br
facebook.com/crivoeditorial

em todo
FIM

há um
RECOMEÇO

Fernando Suhet

Minha mais linda gratidão à minha família, que me deu todo alicerce e força para que todos os sonhos fossem possíveis.

À minha amiga, Thais Stéfane, por ter me incentivado a jogar as palavras no mundo.

À escritora Fernanda Mello, que acreditou no meu trabalho, abriu as portas do seu *blog* para mim, pelas confissões nos bares e amizade.

Ao meu editor, Lucas Maroca, pela atenção e dedicação, por acreditar neste livro, por levar os mais variados chocolates nas nossas reuniões e não reclamar quando chego na editora sentando na cadeira e me sentindo em casa.

A todo pessoal da Crivo Editorial, pela competência ao produzir este trabalho.

Aos meus amigos de infância, que me ensinaram a ser feliz com tão pouco.

Aos meus amigos do "Gigantes da resenha", pela amizade, risadas e bagunças. E eu perdoo vocês por terem me esquecido na balada.

Aos amigos que a escrita me deu, por também levarem suas palavras para confortar quem precisa e pelos nossos lindos encontros a cada ano.

A todos os meus outros amigos, por todos os momentos inesquecíveis que vivemos. Vocês sabem quem são.

Aos meus mestres professores, por todo ensinamento ao longo do tempo e pela formação de caráter como cidadão.

Aos meus quase 120 mil leitores, pelo incentivo, mensagens e por fazerem tudo virar realidade.

Minha imensa gratidão à vida por ter sido tão gentil comigo e colocar pessoas incríveis no meu caminho.

PREFÁCIO

Em todo fim há um recomeço é o nome do novo livro do meu irmão de alma e de escrita, Fernando Suhet. E cá estou eu, ainda digerindo a responsabilidade que é transcrever as sensações que cada linha deste projeto me causou. Já adianto, esteja pronto para abraçar cada palavra, se refazer diante dos fatos, analisar cada acontecimento de sua vida até aqui (seja de felicidade ou de tristezas), olhar para o processo de reconstrução e descobrir junto com a visão do Nando que a vida continua, que somos feitos de recomeços e que logo à frente coisas melhores ainda virão para nos preencher da forma que merecemos.

Fernando tem o poder das palavras, de colocar na mesa sempre uma outra visão. Passei a admirá-lo ainda mais quando o conheci pessoalmente, em 2015, em um encontro de escritores. Desde então, entre uma cerveja e outra, entre projetos ainda adormecidos e uma vontade de fazer dar certo cada novo plano, posso te garantir que ao ler este livro a sua vida irá mudar, para muito melhor.

Você passará a enxergar tudo com outros olhos. Deixará de ter medo de se reconstruir e se dará uma nova chance para entender que não é o fim. Ele te mostrará que existem novas possibilidades de amadurecer diante de um término, de uma dor mal cicatrizada, de uma falta de esperança e de falta de fé. A cada vez que você ler este livro, sentirá o quanto cada tapa sem mão foi essencial para te fazer abandonar o que sempre te atrasou.

Não tenha medo do que encontrará mais à frente, mas te asseguro que serão palavras de alívio, de ensinamentos e de total sinceridade. Você esquecerá a figura do escritor e abraçará um novo amigo. Ele entende perfeitamente a sua dor, as oscilações da vida e a sua maneira diferente de prosseguir carregando o peso de uma culpa. Hoje você apreciará a deliciosa escrita de um cara que tem luz própria, que traz consigo a essência de um menino. Que traz na bagagem conselhos precisos e tão certeiros, feito um tiro à queima roupa. Ele despertará o seu amor-próprio, o desejo do *bem-me-quero*, a chama que te faltava para se reconstruir.

Prepare-se para devorar este livro sem moderação alguma. Se encha de doses de otimismo, amor, cuidado e esperança. Chegou a hora de acreditar de novo e receber a boa e velha sacudida no que você já havia deixado de lado. Recomeçar é preciso. Bora?! O primeiro passo é tentar, e o outro é vencer.

Rogério Oliveira

*Todos os dias quando acordo
Não tenho mais o tempo que passou
Mas temos muito tempo
Temos todo o tempo do mundo*

(Tempo Perdido – Legião Urbana)

A vida é mais ou menos isso: um tanto de coisas boas, algumas coisas ruins e o que você faz para recomeçar com o que restou de você.

A vida tem dessas coisas. Você tem que sentir, apanhar, ter e perder, querer e não ter, correr e não alcançar, dar a mão e levar um empurrão, cuidar e não ser cuidado. Mas passa! Acredite, passa! E quando você escalar o primeiro tijolinho, não há *estou com saudades* que te faça voltar pra lá.

Bonito mesmo é essa coisa de se amar, que mesmo sem saber por onde recomeçar, a gente sabe que é dentro da gente que o maior amor deve morar.

Reza a lenda que ostentação de verdade é amar intensamente, enquanto alguns apenas brincam.

Você passou anos sem saber que aquela pessoa existia. Então não vai ser ela que vai ser capaz de destruir a pessoa incrível que mora dentro de você.

Quando o outro não quer, nada do que a gente faz é o suficiente. Não coloque intensidade onde não tem.

Quando percebo os sinais, não hesito em pegar meu coração e ir embora. Pessoas babacas já não conseguem mais disfarçar que são pessoas babacas.

Menina, vai sem medo que hoje o dia é seu. Esteja com quem quer estar com você, abrace quem te faz sorrir e quem tem um planeta nas mãos para te dar. Não seja insegura da sua felicidade, se permita! A vida só afasta o que não acrescenta. Só tem capacidade de amar quem tem valor no coração. Chegou a hora de deixar tudo o que não vale a pena pra trás. Se agarre no riso de quem te faz feliz. Então menina, vai sem medo! E se der medo, vai assim mesmo, porque do outro lado, sempre tem alguém que te gosta te esperando com um sorriso e braços abertos.

Amor-próprio: entender que você merecer ser feliz, mesmo deixando partir a quem se ama.

Nem sempre o cuidado que você tem com alguém, terão com você. E tá tudo bem. Isso diz mais sobre você do que sobre eles.

Eu sou feliz pra caramba. Sou abençoado por tanta coisa que nem me atrevo a fazer uma lista. Acho injusto. E me perdoem vocês pelas vezes que me escondi, que eu não respondi, por estar tendo um dia ruim. Mas eu mudei de ideia. Agora eu quero mais é estar perto de pessoas boas. Elas contagiam. E se eu estiver mudo, me manda um meme, uma música ou uma piada idiota. Eu já disse que amo piada idiota? Tem muita beleza nessa coisa de ser feliz e não vou mais me esconder atrás de uma tristeza passageira. É que eu estive pensando, eu sou feliz pra caramba.

Deixar ir não é desistir. Deixar ir é ser livre. É ter coragem. É insistir em você. Deixar ir é fazer bem ao coração, deixando para trás lugares e pessoas que não nos cabem.

Que sejamos mais sinceros com a gente mesmo para não aceitar um amor que nos convém, só por puro comodismo.

Se vocês soubessem o tanto que um carinho salva, vocês não estariam matando tantos sentimentos bons que as pessoas têm por vocês, todos os dias.

Sempre existe uma escolha e um caminho. Para onde ir cabe a você decidir. No seu caminho não vire as costas pra quem te quis bem. Dê a mão pra quem corre do seu lado. Vá atrás do seu sonho e do olhar mais sincero. Seja verdadeiro por mais que doa, só assim se perdoa. Seja recíproco, é lindo. Talvez você só tenha uma chance. Só temos a certeza do agora, não viva de aparências. Porque de nada adianta ter um sorriso lindo e um coração mentiroso.

Hoje ela acordou decidida. Abriu a janela e deixou a luz do sol entrar. Fez as malas. Colocou mágoas, perdas, gente falsa, vazia de bem querer, sem amor, sem reciprocidade, toda negatividade, olhares da inveja, solidão, lágrimas mal resolvidas e falsos amores. Bateu a porta e se foi. Sentou no banco da estação. As malas ela colocou no trem. Ela voltou para casa. Mesmo de pijama e com os pés descalços, ela foi seguir em frente. Quem te virou as costas ontem já não mais participa do seu dia. Uma hora é preciso ir atrás de quem te valoriza e que o resto também vire vida.

Gente que admite o erro. Gente que vai atrás quando está com saudades. Gente que chora. Gente que ri. Gente que dá a mão. Gente que dá bom dia. Gente que pede licença. Gente que não te deixa falando sozinho. Gente que dá presentes e elogios fora de hora. Gente que te atende de madrugada. Gente sem medo. Gente que diz: vai! Gente que diz: volta! Gente que diz: fica! Gente que vale a pena ter por perto.

Ame, se doe, se importe, pertença, cuide, demonstre. E se não for o suficiente para manter alguém do seu lado, não se aborreça. A sua parte você fez.

Peço que os falsos amores que escorrem pelos dedos não façam escorrer lágrimas dos seus olhos. Não se esqueça de que esse coração, cansado de se importar por pouca coisa, ainda bate, isso significa que você continua vencendo.

Quando ela se abraça, ela esquece por alguns instantes das suas dores. Quando ela sorri para o espelho, ela sente que a vida vale a pena. Quando ela se permite, o medo vai embora. Quando ela se respeita, ninguém ultrapassa seus limites. Quando ela se joga, o dia vira música. Mas quando ela se ama, ela se torna invencível.

Segue em frente sem sequer olhar para o lado. Não ligue, não corra atrás. Verdades e mentiras não se misturam. Tem gente que não vale o preço de uma saudade.

Tem gente que chega pra te lembrar que o barco não afundou e você ainda pode remar e re-amar. Tem gente que chega pra mostrar que o tempo não parou. Que o amor não acabou. Tem gente que chega pra te provar que ninguém é igual. Pra te levar pra um encontro casual. Pra te proteger do temporal. Tem gente que chega pra te fazer sorrir. Se doer de tanto rir. Pra te levantar ao cair. Tem gente que chega sem querer ir embora. Sem hora. Vivendo o agora. Tem gente que chega pra ser música. Ser vida. Tem gente que chega e simplesmente fica. Tem gente que chega pra não te deixar sozinho. Pra ser caminho. Pra dar carinho. Tem gente que chega e na sua chegada você percebe que é preciso esquecer o que passou sem acrescentar nada para o amor fazer morada.

— Você está chorando de novo?

— Ah, é que ele me mandou uma mensagem, não aguentei.

— Você não prometeu que não iria chorar por ele nunca mais?!

— Mas "nunca mais" é muito forte para se dizer.

— Forte pra você que é boba e só sabe sofrer por quem não soube te merecer.

Eu adoro a parte em que o mundo dá voltas. A parte em que você tinha tudo para ser a pior pessoa do mundo depois de uma decepção, mas foi gente o suficiente para se amar e recomeçar de novo.

Amor é conjugar o verbo querer. É estar perto sem estar. Amor é acordar querendo o bem do outro. Amor não é só amar, tem que estar disposto a cuidar. É perder uma briga para ganhar um sorriso. Amor é ver uma estrela com o desejo de fazer o sol de alguém brilhar. Amor é tudo aquilo que a gente encontra no outro, que mesmo sendo diferente da gente, aprendemos a amar.

Já vi pessoas certas
mantendo no coração
pessoas erradas.

Tudo muda! Por mais que doa, as coisas mudam. Pessoas, sentimentos, horários, humores mudam. Ou você se conforma ou vai ser um eterno escravo das mudanças. Ruim é quando muda aquilo que você sempre pediu que nunca mudasse, por nenhuma razão medíocre ou necessária. Tudo que muda sem você querer ou perceber faz falta. Tudo que faz falta deixa plantado na alma a saudade. Quando me falta algo é como uma corda arrebentada do meu violão, o som nunca é igual quando ela está. Mas (in)felizmente a minha música tem que continuar a tocar.

O (in) é opcional.

Te desejo alguém que te dê bom dia todos os dias ao abrir os olhos. Alguém que te mande flores. Te desejo alguém que te cante uma música e que te faça um poema. Alguém que te abrace forte, como se fosse a última coisa a ser feita na vida e que tenha sensibilidade para te entender. Te desejo alguém que te faça sentir mais saudades do que tristeza. Alguém que seja viciado no seu beijo e na sua companhia. Alguém que não fira seu ego, seu sentimento e seu sonho. Alguém que não te troque por qualquer coisa fútil. Alguém que saiba te cuidar e te guardar. Te desejo alguém que te ensine que a vida é muito mais que um copo cheio ou um corpo perfeito. Alguém que, mesmo com tropeços, esteja disposto a recomeçar. Alguém que você tenha certeza que sua viagem chegou ao fim quando, com os olhos cheios de lágrimas, pediu a Deus em suas orações um anjo protetor.

Quando aprendi que nada é para sempre, comecei a me demorar mais nos abraços. Quando aprendi que nada é para sempre, entendi que as coisas boas e ruins vão passar e escorrer pelos meus dedos sem eu me dar conta. Quando aprendi que nada é para sempre, assim como o girassol vai em direção ao sol, eu também devo ir em direção à luz. Quando aprendi que nada é para sempre, parei de perder meu tempo com quem não me merece e passei a valorizar as pessoas que aos pouquinhos vão se tornando incríveis para o meu coração.

Amor não morre de uma hora para outra. Amor morre no tempo que dura a falta. A falta de um carinho, a falta de um cuidado, a falta de interesse, a falta de um *dorme bem*, a falta de um *bom dia*, a falta de um *pensei em você*, a falta de um *ouve essa música*. Amor não morre de uma hora para outra. Amor morre quando esquecemos que ele também mora nos pequenos detalhes.

A gente vai perdendo o interesse. Vai deixando de se importar. Vai deixando de esperar e de olhar o telefone de minuto em minuto. Os dias vão passando. O coração vai ficando tranquilo e mansinho. E quando vê, a gente já nem se importa mais com aquilo que achávamos que não conseguiríamos viver sem.

Ela não quer saber do seu *status*, das suas roupas e suas baladas. Ela só quer sua companhia, abraços e beijos roubados. Ela não quer saber se você viajou os quatro cantos do mundo. Ela só quer saber da sua capacidade de tirá-la do mundo dela e lhe apresentar o seu. Ela só quer lhe eternizar dentro de um beijo e se sentir protegida dentro do seu abraço. Em um mundo onde você é visto pelo o que tem e onde algumas pessoas ainda gostam de quem não as valorizam, ela só quer alguém que a leve pra jantar e que mais uma vez não deixe de acreditar no amor.

A independência dela assusta quem não conhece sua força. Ela faz seus *corres* sem precisar de ninguém. Sabe o que quer sem medo da opinião alheia. Misteriosa e direta. Tem força no olhar e no seu andar. Se diverte com o aprendizado dos seus erros. Mesmo com todas as tempestades dentro dela, ela não perde essa mania de sorrir pra vida.

Não acredito muito nessa história de que só os começos são bons. Bom é tudo aquilo que a gente sabe cultivar. Dia após dia. Entre brigas e sorrisos. Mas com vontade. Com luta. De saber por quem vale a pena a lágrima e o riso.

A gente se cansa de quem não se doa e de quem não se importa. Se cansa de quem faz alguém desacreditar que ainda existe amor e de quem não se pertence. Se cansa de quem tem mais orgulho do que amor, que faz do ato de amar um jogo sem vencedor. De quem acha que o mundo gira em torno só do seu coração. De quem acha que ninguém mais vai se machucar com uma partida. A gente se cansa de quem só quer estragar tudo.

Hoje eu não quero a certeza de nada, apenas hoje. Já me basta a certeza da morte, e não quero a certeza que fui sem deixar me levar pelas coisas boas, pelos sentimentos bons, pelos ventos que sopram para onde eu devo ir. Quero ser apenas assim, me deixar levar pelo olhar, pela razão, pelo amor, por um dia de trânsito, por um dia de chuva. Me deixar levar pela incerteza do meu amanhã. Que pode me arrancar uma lágrima ou um riso bobo. Hoje quero enxergar pelo lado incerto, mas com o coração aberto na certeza de que no fim de tudo sempre existe um recomeço.

Apagar as fotos dói. Reler as conversas dói. Lembrar de tudo o que era antes também dói. Mas o que vai doer de verdade é quando percebermos as chances que perdemos presos em um tempo que não volta mais.

Perguntaram para ela: por que uma moça tão bonita está solteira? Ela sorriu. Ela é tão incrível que afasta quem só quer brincar de amar. Ela sabe que ter uma felicidade compartilhada é lindo. Mas ser feliz sozinha é uma das maiores provas de amor.

Anda muito raro encontrar pessoas que se preocupam. Pessoas que perguntam como foi o seu dia, quais são seus medos, quais são seus sonhos ou que perguntam se o passado já não machuca mais. Mas se preocupar é também saber aceitar que algumas pessoas não estão abertas aos nossos cuidados. É saber entender que quando a gentileza precisa ser forçada, ela já está quebrada. Anda muito raro encontrar pessoas que se preocupam. Mas quando encontrar faça questão de dizer: *Apareçam mais vezes. As coisas são muito mais bonitas com vocês por perto.*

Pense além. Pratique o bem. Tire a bagunça do armário. Viaje. Aceite seus erros. Sonhe alto. Converse baixo sobre sua felicidade. Só queira o melhor pra você. Durma pouco, mas viva bem. Olhe o céu. Sinta o chão. Se permita chorar. Abrace. Não carregue o mundo nas costas. Corra riscos. Confesse sua saudade. Respeite. Mude o foco. Conheça pessoas. Cultive amigos. Elogie. Não seja egoísta. Doe um livro. Não abandone. Deixe o outro viver a vida dele, da maneira dele. Faça por amor. A vida não tem *replay*.

Acordou e abraçou o dia como se não houvesse o amanhã. Sabia que era um dia lindo pra começar a ser feliz.

Gratidão: O universo tem uma maneira linda de colocar gente do bem no nosso caminho.

Se você soubesse realmente o valor que tem, não pararia em qualquer "não" pronunciado no seu rosto, não alimentaria qualquer sentimento em vão, não pararia para sofrer por qualquer pessoa, que na verdade não sabe sequer a essência de ser pessoa. Se você soubesse realmente o valor que tem, não se importaria tanto com o outro e seria somente você com seus sonhos. Deixaria de ser discreta e de guardar o sentimento dentro da gaveta. Peço todos os dias pra que você saiba realmente o valor que tem. Engole o choro e olhe pra frente. A vida não é fácil, mas o sonho te faz ser forte.

Hoje eu agradeço ao tempo por ter me feito aprender — na marra — que muitas vezes eu estou errado. Por ter me ensinado que ninguém morre de amor. Se te fez mal, foi qualquer coisa parecida, menos amor. Que eu, e nem você, precisamos provar nada para ninguém. Quem vive de provas, de aparências, certamente vive a vida de outra pessoa e não a dela. Obrigado por ter feito essa gente acreditar, dia após dia, que desistir não é a melhor forma de chegar onde os sonhos moram.

— O que você faz quando alguém não sabe o que quer com você?

— Se alguém não sabe o que quer, eu sei o que eu quero. E o que eu quero é não ficar com alguém que não sabe o que quer.

O que a gente enxerga como decepção, talvez não seja. Deus nos livra de algumas coisas (e pessoas) que só vamos entender lá na frente.

Eu te esperei. Criei mentiras para mim mesmo. Imaginei sonhos. Planejei abraços. Arquitetei surpresas. Eu sei, você não vem. E não te culpo por isso. É que o mundo anda tão escasso de amor que ao menor sinal dele eu começo a sonhar. Imagino carinhos. Planejo risadas. Arquiteto a felicidade. Eu te esperei. Limpei toda a bagunça que outrora foi deixada por alguém que passou por aqui. Mas eu sei, você não vem. Não adianta esperar. Mas vou deixar a casa limpa. O amor um dia vai passar aqui sem avisar.

Às vezes, só pedir desculpas não conserta as coisas. Você tem que mudar. Tem que fazer diferente. As palavras confortam, mas você tem que ter atitude. Tem que mostrar que vale a pena pagar o preço pela companhia de alguém. Vai lá, repara seus erros. Não espera, enquanto você espera a vida passa. A gente não precisa ser perfeito pra fazer as coisas certas.

Há coisas que machucam. Toda vez que coloco a cabeça no travesseiro e durmo, essas coisas também adormecem. Toda vez que acordo essas coisas machucam um pouco menos. Venço essa batalha todos os dias porque durmo e acordo na certeza de que nada se compara ao que está por vir.

Eu pensei que te amava. Perdoei deslizes, traições e inconsequências. Eu pensei que te amava e insisti em tornar isso uma verdade, mas aos poucos você foi matando tudo. Tive tanto medo de ser só que pensei que te amava. Mas existem várias outras ruas além daquela que você mora que ainda nem passei e em uma delas eu sei que tem um novo amor me esperando para uma dança que pode durar para sempre.

Em tempos de amores e relações descartáveis, valorize quem é presença e moveria o mundo para te ver sorrir.

Deixa pra lá quem não te responde. Deixa pra lá quem não corresponde aos seus cuidados e carinhos. Vai deixando. Um dia de cada vez. Vai chegar um tempo que você não vai nem se lembrar de qual foi o dia que você tomou coragem e deixou pra lá. Você apenas vai sentir que aquela sensação de aperto no peito não machuca mais.

Quem quer você faz de tudo para te merecer. Quem quer você não arruma desculpas. Quem quer você não se importa com as diferenças e sim com o coração. Quem quer você vai te convidar para um domingo à toa e dividir os fones em uma música boa. Quem quer você não esconde o sentimento e te abraça. Quem quer você não te oferece só companhia, te oferece todo aquele coração que tem mais cicatrizes do que se possa contar. Quem quer você não tem problemas em escolher entre o medo de sofrer ou estar com você.

Já passei por cima de mim. Já me desdobrei para tentar agradar alguém que não merecia. E quando algo dava errado sempre achava que a culpa era minha. Mas hoje, amor passou por aqui e disse que antes de ser de alguém eu preciso ser meu.

Enquanto eu te esperava, você trocava mensagens com outra pessoa. Enquanto eu me doava, você não reparava. Enquanto eu te amava, você brincava. Enquanto você pensava que eu iria viver assim para sempre, a vida me mostrou que, o que não foi suficiente para alguém, pode ser a chance que outra pessoa espera para nos fazer felizes.

Você não deve mendigar amor. Quem te gosta, te quer bem e te quer junto. Quando alguém quer estar com você, ela não espera a carência chegar. Quem mente também não tem amor-próprio. Ser passatempo é ficar parado no tempo. Olhe pra dentro, se valorize, mude, faça uma limpeza, vista o melhor sorriso. O tempo passa. E ele cura. Pessoas, dores, amores, manias e, inclusive, a saudade.

São tantos sonhos dentro dela. Tantas histórias. Tantos finais que nem sempre foram felizes. Tantos erros encarados na frente do espelho. Tantos choros abafados com a cabeça no travesseiro. Mas sempre com a certeza que o sol volta a brilhar pela manhã. Ah tempo, se você soubesse o tanto que ela aprendeu com você sem desaprender o que ela é. Mesmo depois de vários tropeços, ela traz o mesmo brilho nos olhos e uma paz danada no coração, sem deixar que as marcas da vida apaguem a luz que mora dentro dela. Ela ainda é a mesma menina dentro do corpo de uma mulher.

Todo mundo vai sofrer um dia, mas todo mundo vai descobrir que o sofrimento é um grande aprendizado e uma hora tudo vira passado. E é aí que se aprende que não importa o que nos prende, quando a força para recomeçar mora dentro da gente.

Revolucionário é aquele que tira as armaduras, abre o peito, expõe as cicatrizes, confessa os seus medos, sem joguinhos. Amar é para quem tem coragem.

Chega de esperar. Atravesse as dificuldades sozinho, vá ao *show* sozinho, cante sozinho, beba sozinho, veja um filme sozinho, viaje sozinho. Faça as coisas por você. Quem você espera, comprou uma passagem só de ida e poderá nunca voltar.

Chega uma hora
que você tem
que escolher
entre quem te olha igual
ou quem faz seu coração
bater mais rápido
entre quem te dá
uma desculpa ou quem
te dá o coração
chega uma hora
que você tem que escolher
entre viver de ilusões
ou viver de amor.

Felizes são
aqueles
que mesmo não
entendendo as
linhas tortas
que a vida
segue
no final
sempre
agradecem.

Toda vez que
olho ela nos olhos
eu vejo a pessoa
incrível
que ela se tornou
Ela aprendeu que
as cicatrizes
são lembranças
de um bonito
recomeço.

Só seja inteira
com quem
consegue dividir
a loucura
que é
ser você.

Um dia
o coração agradece
e percebe que
desistir
daquilo que
não é recíproco
foi a sua
melhor escolha.

Vai ter um dia
que em vez
de desejar
você aqui do lado
vou agradecer
por esse desejo
ter passado.

Muito melhor do que pedir, é agradecer. Pelo abrir dos olhos, pelo movimento do corpo, pelo dia, pela hora, pelo humor, pelo amor. Pela casa, pelo chão, pelo céu, pelo amigo, pelo descanso, pelo abraço. Pela ida, pela vinda, pela vida. Pela família, pela risada, pelo dinheiro, pela música, pela fé, pelo mundo, por você. Porque à noite, no escuro do meu quarto, muito melhor do que pedir é agradecer.

Ele era feio pra ela
ele fazia ela sorrir
se sentir viva
se sentir mulher
fazia ela querer sonhar
se amar
mas diziam que
ele era feio pra ela
coisa que só os cegos
de alma
conseguem enxergar.

Menina, que no seu abraço caiba o mundo. Seu coração é puro e te faz voar. Bato na sua porta só pra te ver sorrir. Abro um sorriso por te ver seguindo em frente, lutando por aquilo que acredita. Leve com você quem te quer bem. Deixe tudo aquilo que te atrasa. Te merecer é só pra quem sabe lutar por você. Que na razão sempre vença o seu coração. Não desista nunca, sua fé vai te dar tudo aquilo que você mereceu. Porque o mundo, menina, quando você quer, é seu.

Não ofereça sua presença pra quem é ausência. Não porque precisamos dar o troco, mas porque merecemos coisas melhores. É tão mais gostoso estar com quem gosta da gente.

Sempre me viram
sorrindo
mas nunca
perguntaram
quantos cacos
eu juntei
para montar
um riso.

Eu me aceito. Cansei de mudar um pouco ali, um pouco aqui, só pra tentar agradar alguém. Eu sou assim, cheio dos defeitos, cheio de sonhos. Eu fiz as pazes comigo mesmo. Deixei pra trás todas as bagagens pesadas. Estou levando comigo tudo o que me deixa mais leve. Vontades, pessoas e um sorriso no rosto, que é pra espantar a tristeza quando ela chegar. Não sei você, mas eu estou indo, deixando o passado onde ele tem que ficar. Vou indo fazendo coisas boas. E não é porque Deus tá vendo, não. É porque meu coração está sentindo. Me abraço, me aprendo e me aceito como eu sou. Continuo seguindo aquela velha placa que diz: A felicidade está logo ali e com fé você chega lá.

Tanta gente já amou sem ser amado. Se entregou e depois foi rejeitado. Tanta gente já se iludiu e se feriu. Chorou, mas nunca desistiu. Encontrou um novo sorriso e mais uma vez se descobriu. Sempre alguém vai fazer alguma coisa que vai tentar te obrigar a deixar de ser você. Que vai querer tirar o que você tem de mais puro e vai fazer você enxergar o mundo por um lado mais escuro. Mas só você pode se dar a paz que precisa para ir mais além. Pare, olhe e sinta se vale mesmo a pena tornar seu coração tão duro por causa de alguém.

Quem tem alma bonita sofre, mas sempre renasce.

Olha aqui. Olha em volta. Olha o mundo. Viu?! Grande, né?! Você sacrifica tanto sua vida com coisas que não valem a pena. Pois é, eu sei. Isso é sua essência. Mas cuide um pouco mais de você. Promete? Quando você chora um pedaço do meu coração morre. Esse mesmo mundo grande tem uma felicidade parada em cada esquina, esperando por você. E nele você pode experimentar várias coisas, mas lembre-se de não querer mais o que te faz mal. Coisas, pessoas. Tá bom? Mesmo que a vontade te traia, você sabe a coisa certa a se fazer. Eles sempre acham que não é preciso dar valor àquilo que já se tem nas mãos. Quem perde isso são eles. Sempre vai ter alguém querendo você por perto. Culpa desse seu jeito e do seu sorriso que fazem a gente querer se reinventar. Que todo amor do mundo seja merecedor de ter você. Que tudo comece com um abraço e termine com um para sempre. Saiba que vou te guardar em todo canto que é meu. Queria fazer mais por você, porque isso é o que você merece. Mas isso é só uma parte da vida. O resto é com você.

Entenda que, se uma pessoa curtiu ou visualizou o seu status, não quer dizer tanta coisa. Ela está do outro lado da tela. Se ela quisesse, ela estaria te curtindo do seu lado. Não aceite migalhas virtuais.

Ele mandou uma mensagem dizendo que sentia falta dela. Ela sorriu e apagou. Continuou indo para frente sem vontade nenhuma de olhar para trás.
Desculpe-me, ou não. Mas tem coisas na vida que a gente só erra uma vez.

Ser intenso no meio desse caos todo não é defeito. Manda foto do seu dia, do seu riso e do que te faz lembrar a pessoa. Se tem interesse, responde logo, deixa a conversa fluir. Se não quer, fala logo, deixa a pessoa seguir. Jogos de amar não estão com nada. Esperar cansa. Não tenha medo de parecer desesperado. Coisas boas pedem urgência. E eu não vou me desculpar por um coração que bate sem fingir. Eu sou assim, toda vez que vejo o amor, eu quero logo abraçar.

Levanta a bandeira. Pede uma trégua. Todo mundo se cansa. Conversa. Fala que não dá mais. Ninguém merece alguém que some e só reaparece para tirar a nossa paz. Ou vem por bem e fica, ou vai embora. Para com esse vai e volta. Liberta-se. Coração é casa da gente. Ou você pede a pessoa para limpar os pés da covardia e deixar a sujeira lá fora antes de entrar ou sempre vai ter que arrumar a bagunça depois que ela sair.

Recomeço. Recuo. Meço. Um novo começo. Com erros e olhares diferentes. Prometo para mim que o que errei ontem não vou errar hoje. Minhas tentativas não me matam. Elas me deixam mais forte. Sou o meu próprio herói. Começo. Me aprendo e desaprendo. Porque recomeçar não tem fim. E nem minha vontade de ser feliz.

Cada dia mais, as pessoas nos ensinam a não acreditar e a achar que ninguém mais vale a pena. Cada dia mais, as pessoas aceitam relações que rasgam o peito, apenas por medo de achar que não virá mais ninguém além daquilo. E isso já é metade da derrota, a outra metade a vida se encarrega, pois o universo devolve aquilo o que a gente emana. Não me canso de ver pessoas dizendo que o amor não existe e que não existem mais pessoas dispostas a viver coisas legais. Por favor, não seja uma pessoa tão descrente, não seja alguém por quem não valha a pena lutar. É loucura pensar que a vida acabou que o amor mudou de estação e que nada mais de legal vai acontecer nas nossas vidas. Deixar de acreditar faz qualquer coisa perder a cor e o sentido. O mundo é grande demais para sermos egoístas a ponto de pensar que só existe uma pessoa (além de você mesmo) capaz de nos fazer felizes. Sei que tem muita gente que só quer brincar, fazer joguinhos e desapegar. E tá tudo bem, porque isso é problema delas e não nosso. Muitas pessoas vão te decepcionar ao longo da sua vida, e uma hora você vai agradecê-las pelo aprendizado que elas te proporcionaram. Mas se você é como eu, que não veio a este mundo a passeio, e se entrega de peito aberto às oportunidades de ser feliz, mude a rota e entenda que os ciclos se fecham para a chegada de novas histórias. Às vezes eu paro, olho o mundo e imagino quantas pessoas existem espalhadas por aí que, mesmo com o coração e a alma ferida, não deixaram de acreditar em algo novo. Então, fecho os meus olhos e faço um agradecimento ao universo por elas: Obrigado, o mundo ainda gira pela força de vocês.

Este livro foi composto em Helvetica sobre Cartão Supremo 250g/m², para capa; em Mr Eaves Mod OT sobre Pólen Soft 80g/m², para o miolo. Foi impresso em Belo Horizonte no mês de outubro de 2019 para a Trinca Edições.